陕西出版资金资助项目

昭陵"二骏"修复实录

周 萍 编著

陕西新华出版传媒集团
陕西人民美术出版社

图书在版编目（CIP）数据

昭陵“二骏”修复实录 / 周萍编著 . -- 西安 : 陕西人民美术出版社 , 2020.1
ISBN 978-7-5368-3689-1

Ⅰ . ①昭… Ⅱ . ①周… Ⅲ . ①陵墓 – 文物修整 – 图集
Ⅳ . ① G264.3-64

中国版本图书馆 CIP 数据核字 (2020) 第 039814 号

责任编辑 严国卿 雷 琦
封面设计 哲 峰

昭陵“二骏”修复实录
ZHAOLING ERJUN XIUFU SHILU

周 萍 编著

陕西新华出版传媒集团
陕西人民美術出版社 出版发行

地 址	西安市雁塔区登高路 1388 号
邮 编	710061
发行电话	029-81205258 81205262
经 销	新华书店
印 刷	陕西龙山海天艺术印务有限公司
规 格	700mm × 1000mm
开 本	16 开本
印 张	7
字 数	80 千字
版 次	2020 年 1 月第 1 版 2020 年 1 月第 1 次印刷
印 数	1–1000
书 号	ISBN 978-7-5368-3689-1
定 价	36.00 元

目 录

第一章

『昭陵六骏』的故事

一、“昭陵六骏”的由来

昭陵是唐太宗李世民和文德皇后长孙氏的合葬陵墓，位于陕西省咸阳市礼泉县城东北 22.5 千米的九嵕山上。1956 年，陕西省人民委员会公布昭陵为第一批陕西省重点文物保护单位；1961 年，国务院公布昭陵为第一批全国重点文物保护单位。

远眺昭陵

从唐贞观十年（636）文德皇后长孙氏首葬，到开元二十九年（741），昭陵建设持续了106年之久。在昭陵的四周，还有许多大大小小的墓葬，它们犹如众星捧月般拱卫着昭陵，向南辐射形成一个扇形。恰如君臣生前一样，帝王面南背北，朝臣侍列殿前。这些墓被称为“陪葬墓”。建成后的昭陵占地面积200平方千米，共有180余座陪葬墓，是关中“唐十八陵”之一，也是中国历代帝王陵园中规模最大、陪葬墓最多的一座。如此规模庞大的陪葬墓群，在中国乃至世界上都是绝无仅有的，这使昭陵成为唐代最具代表性的一座帝王陵墓，被誉为“天下名陵”。可以说，昭陵是初唐走向盛唐的实物见证，是了解和研究唐代乃至中国封建社会政治、经济、文化难得的文物宝库。

昭陵神道

1907年9月法国人拍摄的昭陵六骏原貌

“昭陵六骏”石刻是在唐太宗生前列置在九嵕山北麓第五台地，即唐太宗李世民昭陵北司马门内，位于东西两座阶梯状长廊中，每边三具，皆背靠后檐墙而立。据史料记载：“昭陵六骏”石刻的原型是唐太宗李世民在公元618年至622年的五年间乘骑过的六匹坐骑，是他辅助其父唐高祖李渊平定四海、建国立邦，巩固唐王朝新政权时所乘的坐骑，它们分别名为：飒露紫、拳毛䯄（guā）、白蹄乌、特勒骠、青骓、什伐赤。

唐贞观十年（636），唐太宗诏令画家阎立本先画出六骏图形，后由石刻家阎立德主持依图形雕刻。唐太宗亲自作诗六首（即“六马赞”），赞扬每匹马的风采，并命书法家欧阳询将其抄录下来，再由殷仲容刻在“六骏”旁边，堪称“五绝”，代表了唐代陵墓石刻的最高水平。

1907年9月法国人拍摄的昭陵六骏原址原貌

“昭陵六骏”采用高浮雕手法，以简洁的线条，精准的造型，生动传神地表现出战马的体态、性格和驰骋疆场的情景，每幅画面都告诉人们一段惊心动魄的历史故事。它们造型优美，雕刻线条流畅，刀工精细、圆润，是珍贵的古代石刻艺术珍品。这组石刻分别表现了唐太宗在开国重大战役中所乘战马的英姿。

这六具石雕骏马是在青石平面上起图样，雕刻人马形状的半面及细部，并使高肉突起，因而称为浮雕或高浮雕。“昭陵六骏”姿态神情各异，线条简洁有力，威武雄壮，造型栩栩如生，是唐代雕刻艺术的代表作品，寓意着丰富的历史故事，有重大的历史、艺术和科学价值，是极为珍贵的文物。

“昭陵六骏”从南向北分东西两侧排列，每侧各三件。西侧为：

【飒露紫】

飒露紫是公元 621 年唐平定东都洛阳时，在洛阳城外，李世民与王世充交战时的坐骑。战斗中马前胸不幸中箭，危急关头，多亏丘行恭及时赶来相救，李世民才得以脱险。为此，唐太宗才特别将他的英雄形象雕刻在作品中。这件作品就是为纪念这一次战功而作。作品中的丘行恭卷须，相貌英俊威武，身穿战袍，头戴兜鍪，腰佩刀及箭囊，做出俯首为马拔箭的姿势，再现了当时的情景。“飒露紫”是“六骏”中唯一一件刻有人物的，因此极为珍贵。唐太宗赞曰：“紫燕超跃，骨腾神骏；气詟三川，威凌八阵。”

位于昭陵原址的飒露紫

【拳毛騧】

拳毛騧是李世民在公元 622 年与刘黑闼在洺水（今河北南部）激战时的坐骑。浮雕中的拳毛騧做缓辔徐行状。在 6 件浮雕中，“拳毛騧”与“特勒骠”的外形较为相似，但与“特勒骠”不同的是，其头稍低，步幅稍小，蹄抬得稍低。其步伐为对角线、交叉步行走状。这件作品是拳毛騧身中 9 箭后依然坚持不倒，把主人送到安全地带后，迈着无怨无悔的步伐走向永恒的瞬间纪实。在这场战斗中，拳毛騧虽身中 9 箭，但仍坚持战斗，最后战死在两军阵前。因此，唐太宗将它比作神马，对它的赞语是：“月精按辔，天驷横行；弧矢载戢，氛埃廓清。”

位于昭陵原址的拳毛騧

【白蹄乌】

白蹄乌是公元618年李世民与薛仁杲在浅水原作战时的坐骑。浮雕中的白蹄乌昂首怒目，鞍鞯俱全，四蹄腾空，鬃鬣迎风，可以想象出它当年在黄土高原上奔驰之状。唐太宗题的赞语是：“倚天长剑，追风骏足；耸辔平陇，回鞍定蜀。”此马身上无箭，可能是因为长途疾驰力竭而死，真不愧是唐太宗所赞“追风骏足”。唐军既擒薛仁杲，平定了陇东地区，巩固了关中根本，又得到了西北的丰富资源，才有力量争夺中原地区，浅水原战役的意义是十分重大的。这一战，唐军也有不少的伤亡。贞观四年（630），唐太宗在今长武县建“昭仁寺”，并立碑来纪念死亡的战士，这和后来“白蹄乌”石刻立于昭陵具有同样的意义。

位于昭陵原址的白蹄乌

东侧为：

【特勒骠】

特勒骠是公元619年李世民与宋金刚作战时的坐骑。浮雕中的它做高视阔步行走状，其左侧两腿同时抬起，右侧两腿着地，迈着对侧步（一侧的腿同起同落，是经过训练才会有的仪仗步法，行走起来十分平稳，我国旅游标志"铜奔马"亦是如此），马头高昂，表现出坚定、自信、豪迈的气概。此马身上无箭伤。特勒骠在这一战役中载着李世民与宋金刚勇猛作战，穷追猛击，一昼夜接战数十回合，人不解甲，马不卸鞍，连打八个硬仗。唐太宗赞曰："应策腾空，承声半汉；天险摧敌，乘危济难。"

位于昭陵原址的特勒骠

【青骓】

青骓是李世民与窦建德在洛阳虎牢关作战时的坐骑。浮雕中的青骓做腾空飞奔状，马身中五箭——胸前中一箭、臀部中四箭，均系在冲锋时被迎面射中的。既是迎面射中，但多射在马身后部，足可说明骏马飞奔的速度之快。唐太宗所题的赞语是：“足轻电影，神发天机；策兹飞练，定我戎衣。”前三句都是形容马的矫健轻快，后一句“定我戎衣”，是对虎牢关一战所取得胜利的极高评价。

位于昭陵原址的青骓

【什伐赤】

什伐赤是李世民在洛阳城外和虎牢关前与王世充、窦建德作战时骑的又一匹战马。浮雕中的什伐赤四肢如闪电般飞驰，身上中了五箭，都在臀部，其中一箭是从背后射来，可以看出，也是在冲锋陷阵时受伤的。唐太宗为其题赞语曰："瀍涧未静，斧钺申威；朱汗骋足，青旌凯归。"李世民在这次战役中出生入死，几遭危险，伤亡了三匹战马，最终取得胜利。至此，基本上完成了统一大业，"青旌凯归"流露了他的高兴的心情。

位于昭陵原址的什伐赤

二、保存在宾夕法尼亚大学考古学与人类学博物馆的“二骏”

创建于1740年的宾夕法尼亚大学是美国第四古老的高等教育机构。宾夕法尼亚大学考古学与人类学博物馆（以下简称“宾夕法尼亚大学博物馆”）位于宾夕法尼亚大学的一座古色古香的建筑中，该博物馆成立于1887年，是费城最具名气的博物馆之一，其藏品丰富多彩，涵盖了多个国家，跨越多个年代。自从1887年开馆以来，博物馆已经收集了约100万件藏品，大体可以分为两大部分，即考古学和人类学。宾夕法尼亚大学博物馆多种多样的收藏让人赞叹不已，对于了解各个国家悠久的历史和文化起着重要作用，对宾夕法尼亚大学教学和国际研究也同样具有深远意义。

宾夕法尼亚大学考古学与人类学博物馆

建成于1916年初的宾夕法尼亚大学博物馆中国厅，是一座砖结构、圆形穹顶、无柱，高和“直径”约11米的顶层建筑。自然光线从穹顶下一周的天窗中洒落下来，映照着墙壁上的巨幅壁画，散落的石雕、造像、三彩俑等各种文物，使这座大厅产生了一种混合着东西方文化的异样魅力。“昭陵六骏”中的“飒露紫”和“拳毛䯄”就保存在这里。

三、关于“二骏”的流失

作为中国的国宝，“飒露紫”和“拳毛䯄”到底是怎样流失到海外的？美国费城宾夕法尼亚大学博物馆研究员周秀琴博士（华裔），借助该馆的有关档案，披露了宾夕法尼亚大学收藏“二骏”的经过。

周秀琴博士

1918 年 3 月 9 日，时任宾夕法尼亚大学博物馆馆长的高登，首次在纽约看到了由中国运抵美国的“二骏”石刻，非常兴奋，并致信物主——纽约来远公司老板卢芹斋（1880—1957，浙江湖州人，先后旅居法国、美国等，20 世纪初国际著名的文物贩子、大古董商），表示愿意购买。而后他立即报告博物馆董事会，请求筹集卢芹斋的索价 15 万美元，同时联系卢芹斋，将两件石刻从纽约运抵宾夕法尼亚大学免费展出。

卢芹斋

直到 1920 年年底，一位名叫埃利基・R．约翰逊的慈善家给宾夕法尼亚大学博物馆捐款 15 万美元。此后宾夕法尼亚大学又与卢芹斋讨价还价，最终以 12.5 万美元成交。从此以后，“二骏”就一直保存在宾夕法尼亚大学博物馆。据卢芹斋于1927年9月10日的回忆录中称：“二骏”是1912年被一个外国人唆使文物贩子从陕西昭陵盗运出的。文物贩子在搬运这些沉重的石块时被当地民众发现并截获，被当时的陕西省官员予以查收。

1915年，当时的中华民国总统袁世凯要求地方政府将“二骏”运到了北京，“二骏”因此成为袁世凯的个人收藏。“几个月后，他们通过另一个人卖给了我们。此事绝对合法，因为这是由国家最高权威（者）卖掉的。”在回忆录中，卢芹斋这样写道。

不管“二骏”如何被盗运，可以肯定的一点是：它们当初是被分割成大小不同的碎块装箱运往西安的。“飒露紫”和“拳毛䯄”后被转运到了北京，大约在1916年至1917年被偷运至美国。其余的四件石刻“什伐赤”“白蹄乌”“青骓”“特勒骠”，于1918年再次被倒卖过程中被砸成几块，企图装箱外运，幸而途经西安北郊时被发现、制止，最初放置在当时的西安图书馆，1950年被政府收藏，后一直保存在西安碑林博物馆。

可以说，国人对“昭陵六骏”非常关注。辛亥革命的元老于右任老先生就对“昭陵六骏”有着深厚的感情。早年他曾多次去昭陵观摩“六骏”。1918年，他回陕西就任陕西靖国军总司令时，得知“六骏”遭遇厄运，曾痛心疾首，并赋诗道：“六骏失群图尚在，追怀名迹感无穷……”此后，老先生也曾多方奔走，想促成“昭陵六骏”的团聚。

第二章

『二骏』修复缘由

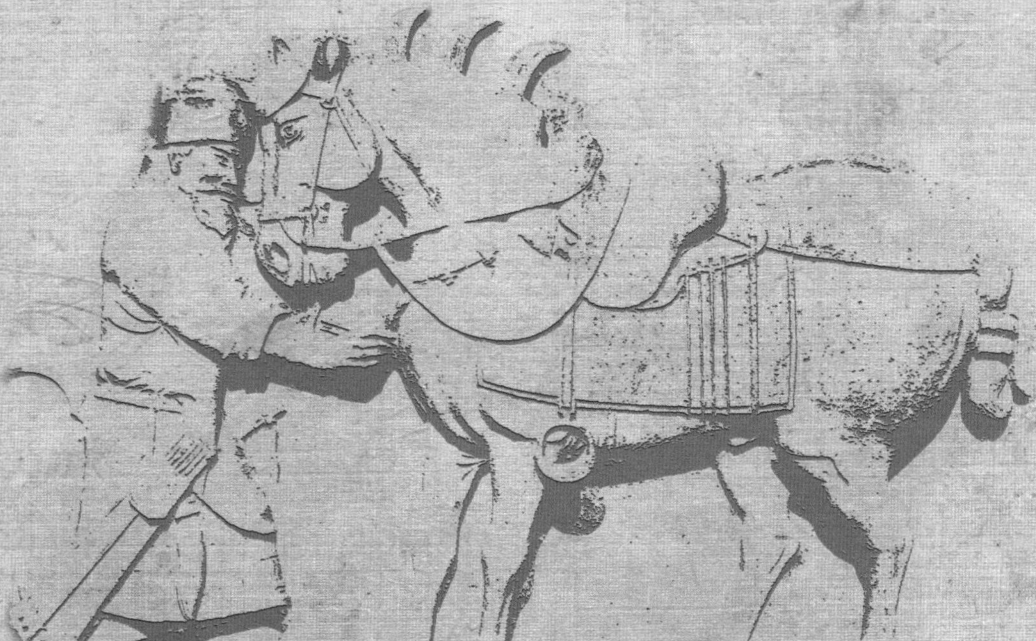

一、启动“二骏”修复

2009 年 4 月 14 日下午，陕西省唐大明宫遗址文物保护基金会发布公告，公开招募两名石质类文物保护专家赴美国参与“昭陵六骏”中“二骏”浮雕的后期修复工作。

招募志愿者新闻发布会

陕西省唐大明宫遗址文物保护基金会作为一家非营利性公募基金会，致力于遗址与文物的抢救保护，致力于唐文化及中华传统文明的弘扬与发展。该基金会与宾夕法尼亚大学考古学与人类学博物馆，就“昭陵六骏”中现存美国的“二骏”石刻的保护及全球展览等进行了多次商谈和沟通。2009 年，宾夕法尼亚大学预计投入 7 万美元进行“二骏”石刻的保护和修复，并邀请陕西省唐大明宫遗址文物保护基金会委派两名中国文物修复专家，于 2009 年 9 月赴美参与该项工作，为进一步的文物交流和展览做技术准备。基于以上种种因素，陕西省唐大明宫遗址文物保护基金会决定向全社会招募文物专家，作为志愿者赴美参与“二骏”浮雕的保护与修复工作。

二、志愿者的招募

陕西省唐大明宫遗址文物保护基金会经过为期两个多月的报名、遴选及评审，对志愿者石质类文物修复业务技术等方面进行考评，初步确定10名候选人进入终审阶段。为此特邀请国家文物局、中国文化遗产研究院、西北大学、西安文物保护修复中心相关专家参加评审工作。评委们全面比对志愿者的条件，确定7名志愿者进入面试。6月中下旬，陕西省唐大明宫遗址文物保护基金会分两次对7名候选志愿者进行最终资格面试，并对候选志愿者的综合素质进行了深入考核。经过笔试、面试和专家审核，西安文物保护修复中心（现陕西省文物保护研究院）周萍、刘林西，陕西历史博物馆杨文宗成功胜出，成为此次赴美参加修复工作的最终人选。

根据赴美工作的需要，陕西省唐大明宫遗址文物保护基金会成立赴美修复昭陵“二骏”的工作组，主要成员为陕西省唐大明宫遗址文物保护基金会代表王友群，修复志愿者杨文宗、周萍、刘林西，以及西安晚报社随团记者王保国。

（左一）周　萍，西安文物保护修复中心（现陕西省文物保护研究院）
（左二）刘林西，西安文物保护修复中心（现陕西省文物保护研究院）
（左三）杨文宗，陕西历史博物馆
（左四）王友群，陕西省唐大明宫遗址文物保护基金会
（左五）王保国，西安晚报社

第三章

赴美前准备工作

赴美工作组成立后，在陕西省唐大明宫遗址文物保护基金会的组织下召开了若干次的准备会议，主要的议题是了解“昭陵六骏”的相关历史资料、背景知识和目前的保护状况，重点是研究现存于美国的“二骏”的基本情况，以及美方已经开展的相关工作等。

一、前往西安碑林博物馆现场调研

现收藏于西安碑林博物馆的“昭陵六骏”中的“四骏”为白蹄乌、特勒骠、青骓、什伐赤，它们现陈列于博物馆内的石刻艺术展厅内，被保护得十分精细。馆内的“昭陵六骏”呈一字形排开，非常壮观。但遗憾的是，其中的“飒露紫”和“拳毛䯄”均为复制件。

西安碑林博物馆

西安碑林博物馆石刻艺术室（展厅）

石刻艺术室内的“昭陵六骏”

什伐赤

飒露紫（复制件）

白蹄乌

拳毛䯄（复制件）

青骓

特勒骠

志愿者团队委托西安文物保护修复中心（现陕西省文物保护研究院）检测分析团队，对白蹄乌、特勒骠、青骓和什伐赤进行了石材成分分析、内部结构分析和表面风化产物的检测分析。

检测分析团队

2003年6月至11月，陕西省考古所（现陕西省考古研究院）对陕西唐昭陵北司马门遗址进行全面发掘，伴随发掘新出土了部分石刻残块。经研究、分析、比对，专家认为残块中最大的一块属于青骓的后大腿，腿毛细腻的如巴掌大小的一块是什伐赤前马腿的蹄腕部分。另外有三块可能属于“昭陵六骏”的残块，无法确定位置，后入藏西安碑林博物馆。此次因工作需要，西安碑林博物馆向志愿者团队展示了这三块残块。后经博物馆同意，志愿者团队用石膏对残块进行了翻模复制，并带去美国进行比对。

现存于西安碑林博物馆内的“昭陵六骏”残块

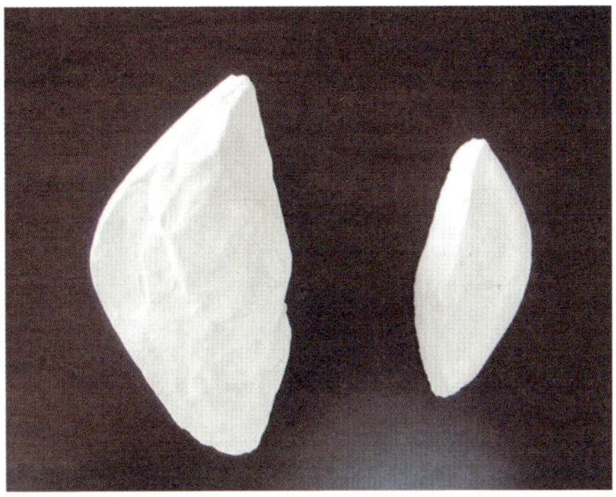

残块石膏复制品

二、碑林“四骏”相关检测分析研究

样品编号	采样地点	形状	性质
1	特勒骠下边框居中	块状	石刻本体
2	青骓下边框居中	粉末状	腐蚀产物

样品 1：取样点在特勒骠石刻的下部，取样为石刻本体。

特勒骠石刻本体现场取样点

石刻本体取样

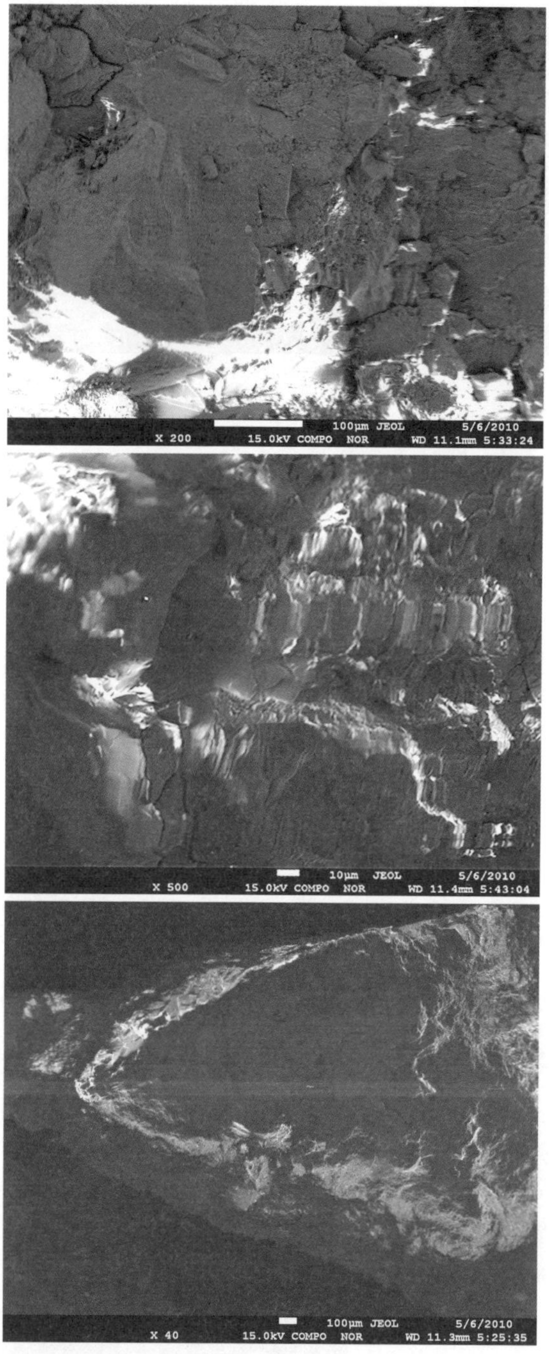

石刻本体取样显微分析照片

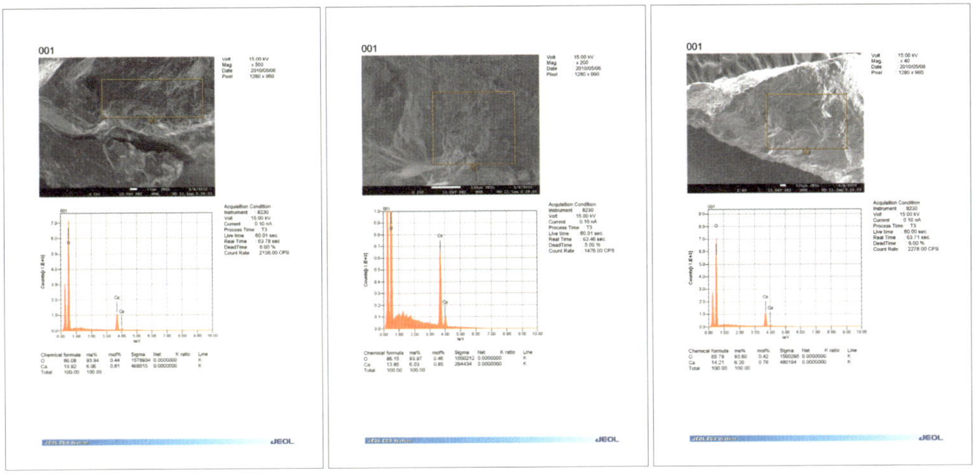

显微分析与能谱分析图

分析结论：

该组样品为保存较好、未风化区域样品。扫描电镜放大200倍图像显微观察显示，样品1石刻材质具有明显的沉积岩层片结构，且材质细腻而均匀，相对密实。能谱元素扫描结果：样品1石刻材质中含有大量钙、氧元素，证明六骏化学组成应为石灰岩，其主要成分为碳酸钙。

样品2：取样点在青骓的下部，取样为石刻表面风化物。

青骓石刻表面风化物现场取样点

石刻表面风化物

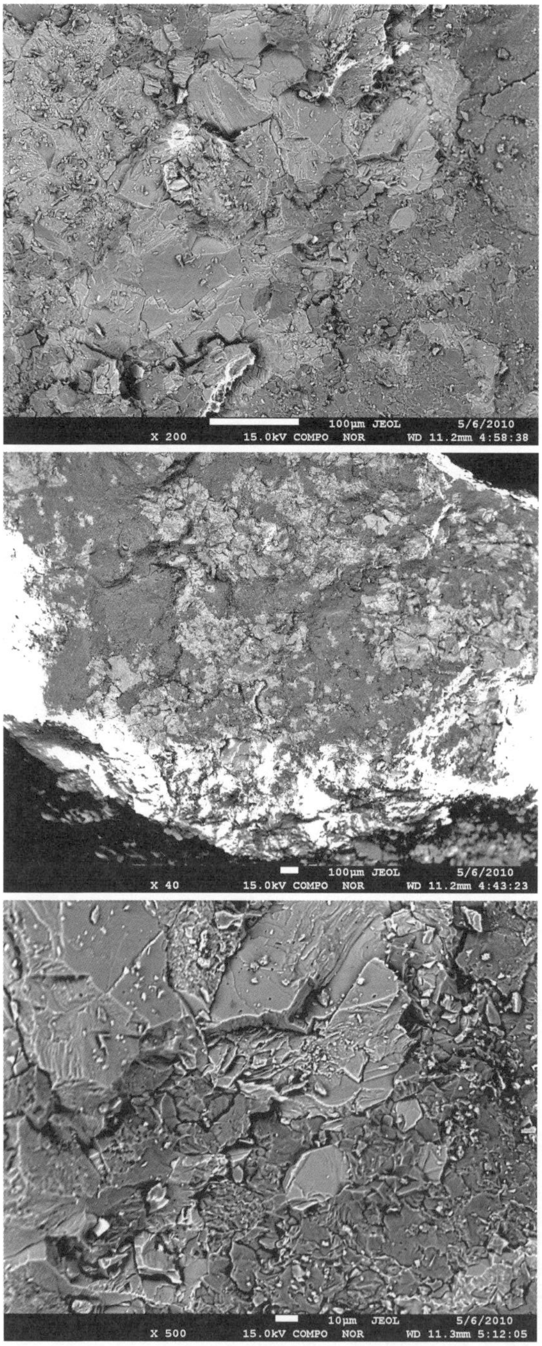

石刻表面风化物显微分析照片

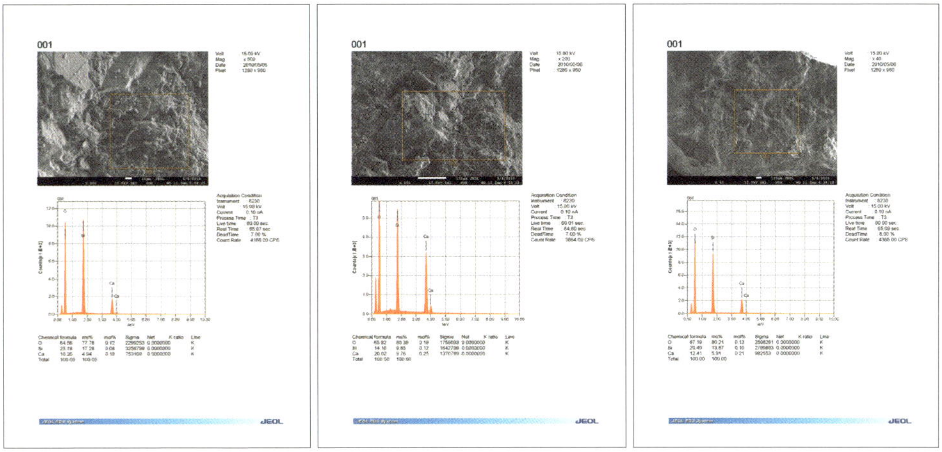

显微分析与能谱分析图

分析结论：

样品 2 为石刻表面风化物的样品，200 倍显微图像显示，石刻表面存在大量破碎及其长石二氧化硅碎屑残留，能谱元素扫描结果也显示除含有石灰岩常见的钙、氧元素外，还含有大量硅元素，说明该石刻在保存过程中，表面石灰岩由于溶蚀作用，使钙胶结物流失，而硬质不溶解的二氧化硅残留，导致石刻表面形成坑窝状不平整腐蚀风化显现。

三、前往富平走访

据史料记载，“昭陵六骏”的石刻材料主要是来自陕西省富平县境内的一种青石。这种青石是富平特产墨玉石的一种。据《富平县志》记载：墨玉“色重质腻，纹理细致，漆黑如墨，光洁如玉，极负盛名”。明末清初，著名的“关中三李”之一，富平县薛镇人李因笃在题为《唐陵墨玉》一诗的序言中亦说“唐陵下有洞产石，名墨玉。取镌碑牌，甲于天下”。其诗曰：“巨碛崔嵬百万层，唐家中叶起诸陵。青岭墨玉旋随辟，篆籀光芒到处征。”西起乾县，东至蒲城的唐十八陵，除唐高祖献陵外，均依山为陵。李因笃诗中所说的“唐陵”，是指唐中宗定陵所在的凤凰山。日前笔者去定陵游览，犹见山上一个个张着黑乎乎大嘴的洞口，里面巨石层层，显然是当年民众采石留下的“石窝子”了。据有关资料介绍，早在汉唐时，富平墨玉石便以其质地细腻坚韧，色泽乌黑发亮，叩击声清音脆，石层广厚少瑕，且耐酸碱，耐寒热，耐风化等特点而闻名天下，成为帝王贵族陵墓前的碑碣石刻的首选石材。因此，唐十八陵及其陪葬墓前的石碑石雕，绝大多数都是用富平墨玉所制。历代名碑中，如秦代李斯《峄山刻石》，东汉《曹全碑》，唐代欧阳询《皇甫诞碑》、柳公权《玄秘塔碑》、乾陵《无字碑》等，都是以富平墨玉石刻制。

在前期的准备工作中，修复团队专程前往富平的宫里镇走访当地的石刻加工工匠，了解传统石刻的加工工艺，并寻找了与“昭陵六骏”石材类似的石料，现场制作了修补“二骏”要用的石粉。

了解传统石刻加工工艺

现场找寻与“昭陵六骏”类似的石材

加工石粉

第四章

赴美修复『二骏』

2010 年 5 月 6 日上午，陕西省唐大明宫遗址文物保护基金会组织有关各方在西安南门举行了一场特殊的仿古启程仪式，为赴美修复昭陵“二骏”的专家饯行。上午 9 点 30 分，城门打开，三位专家在城墙卫队的护卫下走过瓮城、吊桥，象征着他们踏上了出城之路。大明宫保护办主任、陕西省唐大明宫遗址文物保护基金会秘书长周冰为三人发放了“通关文牒”。西安碑林博物馆馆长赵力光表示，促成“昭陵六骏”的团聚是国人的百年夙愿，这次赴美修复“二骏”是一个很好的开端，希望通过此次专家的努力，能够最终让“昭陵六骏”得以团聚。

启程仪式后团队合影

志愿者代表杨文宗发言

志愿者团队与周冰（中）合影

2010 年 5 月 7 日，赴美工作组从上海出境，于半夜抵达美国。经过短暂的休息后，工作组马上投入紧张的工作中。

一、初见“二骏”及美方专家已开展的修复工作

5 月 10 日，工作组前往宾夕法尼亚大学博物馆，在中国厅内东面靠墙处，看到了向往已久的“二骏”。它们不仅是中国的国宝，也是宾夕法尼亚大学博物馆的镇馆之宝。

宾夕法尼亚大学考古学与人类学博物馆中国厅中的“二骏”（补全前）

飒露紫

飒露紫下安装的底座

飒露紫下安装的底座（局部）

拳毛䯄

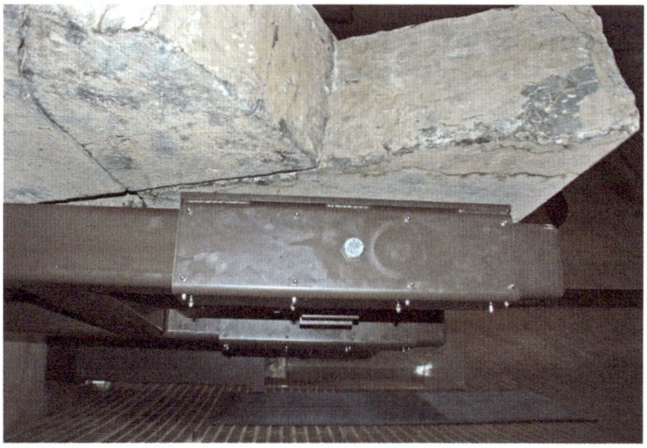

拳毛䯄背部支架之一

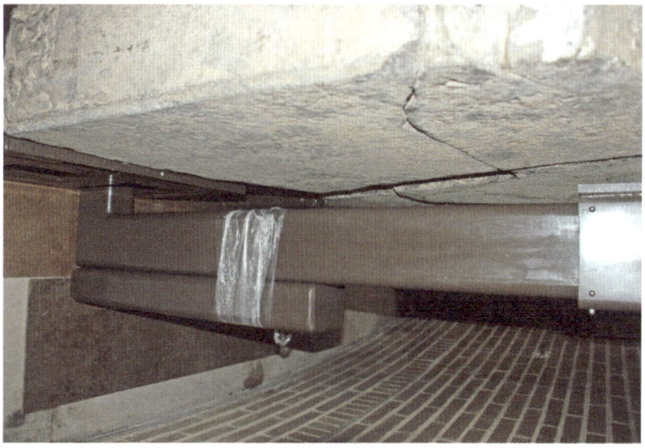

拳毛䯄背部支架之二

拳毛䯄用调和材料填补部位

据美方专家介绍，昭陵“二骏”自 1920 年正式进入宾夕法尼亚大学博物馆后，没有进行过任何的保护和修复，也没有对其开展相关的科学研究工作，只是该馆的周秀琴研究员对其“流失”进行过大量的历史研究。因此，“二骏”也基本保持着最初的状况：“飒露紫”残断为 4 大块，“拳毛騧”残断为 6 大块。不过，其表面均残留大量的黑色附着物，有人为修补的痕迹。针对上述情况，美方专家的先期工作是表面清洗，去除旧的修补材料，更换支撑装置、锚固，并进行安装固定。

飒露紫清洗前

拳毛騧清洗前

根据石刻的保存现状以及分析结果，其表面黑色污染物主要是油污污染，可能是包装运输或者后期修复过程中残留下来的。因此清洗主要以热蒸汽清洗为主，配合手术刀剔除、棉签清洗等其他手段，清洗效果比较理想。

局部清洗对比

在对“二骏”进行表面清洗后，美方专家将“二骏”原来的修补与黏结处打开，并对断面残胶及以前修补的材料进行了剔除。通过对断面的残胶进行分析得出结论：黏结材料是酚醛树脂类的黏结剂。由于使用时间较长，老化现象明显，黏合强度较低。在剔除过程中，美方专家发现以前的修补方法是在石刻内部用木支架做支撑，再用石膏修补，最后在表面进行着色做旧处理。此外，还有一个十分有趣的小插曲：在拳毛䯄的上半部分，专家们发现了一张 1966 年的纽约当地的报纸。由此可以推断出，“二骏”运出后，在美国进行过修复处理。

剔除原修补材料

在拳毛䯄原修补材料中发现的报纸

在对“二骏”进行表面清洗后，美方专家又对石刻进行了加固处理。对于较大的石刻断裂部位，黏结时在内部使用了不锈钢锚杆进行加固，后使用环氧树脂黏结。

飒露紫锚杆安装示意图

拳毛䯄锚杆安装示意图

此前，为了提高石刻的整体稳定性，美方专家设计了石刻断裂部分的连接装置和连接方法，新做的支撑装置将两件石刻分别固定成三大部分。

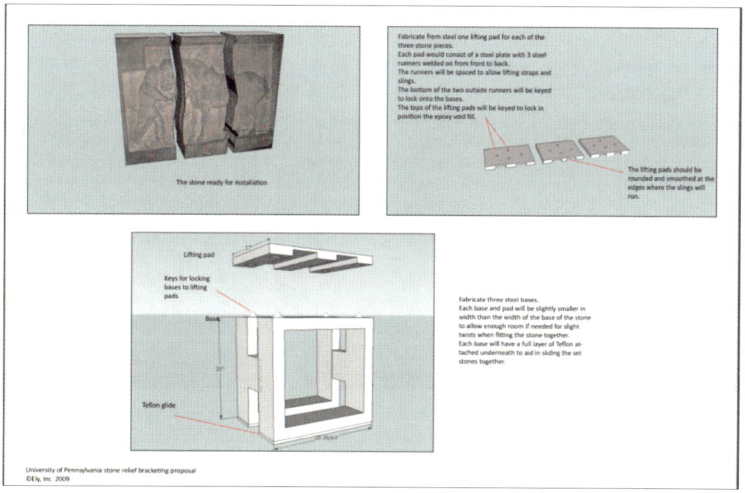

飒露紫支撑装置示意图

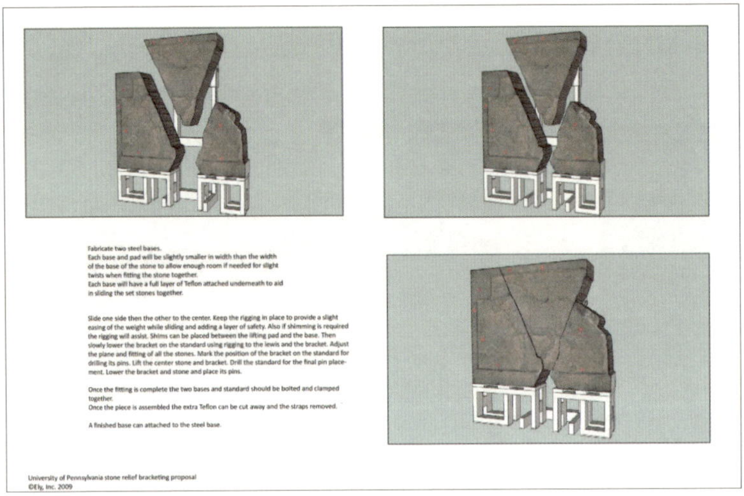

拳毛䯄支撑装置示意图

飒露紫补全前

拳毛䯄补全前

二、石膏样块归位

专家们从国内带去的石膏复制品中，有一块为拳毛䯄的马鞍顶部。经比对，发现其与马鞍断面处十分吻合。如下图所示：

从国内带去的拳毛䯄马鞍残片石膏样与石刻比对

残片石膏样与石刻断面比对

三、开展充分讨论，提出修复思路

在了解了“二骏”的现状以后，三位修复专家与美方专家进行了深入的探讨，在了解之前的修复问题，以及修复中的技术、材料、方法后，针对“二骏”的实际问题，制定了科学的补全方案。

美方修复负责人林恩

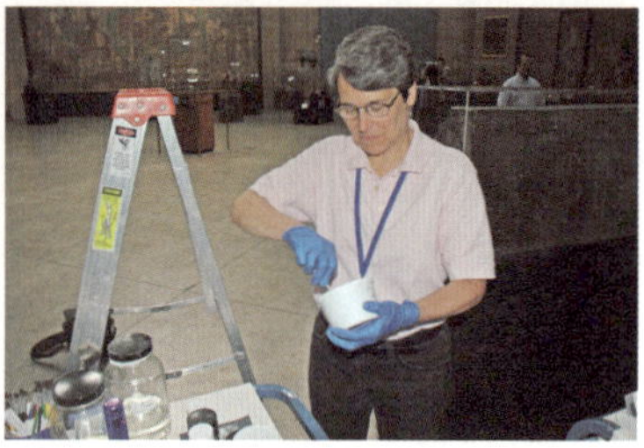
美方修复专家朱莉

（一）现场讨论

志愿者团队现场讨论

中美专家现场讨论

（二）了解过去的修复

1. “二骏”过去修复中，在修补部分夹杂的部分报纸、日历和博物馆简介等纸质材料

原修补材料中发现的报纸

1966 年报纸

1957 年 3 月日历

博物馆简介

2. “二骏”过去修复使用的补全材料

可以看出，过去的修补主要使用木材作为支撑材料，再采用石膏进行填补、修复，为了防止石膏开裂，加入粗麻进行裹覆。

原修复用的材料

原修复用的石膏、木条和麻

原修复用的石膏、木条和麻（局部）

四、征求国内专家意见

关于“二骏”的补全，中美双方专家进行了详细的沟通与协商，形成了补全方案，并咨询了国内的王丹华、黄克忠以及陆寿麟三位专家。最后达成了共识：“二骏”新做支架后的三大部分不做连接；其余小的裂缝进行表面补全；缺失部分选取轻型材料作为内部支撑，表面补全；补全的材料以与原石刻材料相似的材料为主。

飒露紫：红色为完全断裂开的部位，绿色为裂隙、裂缝

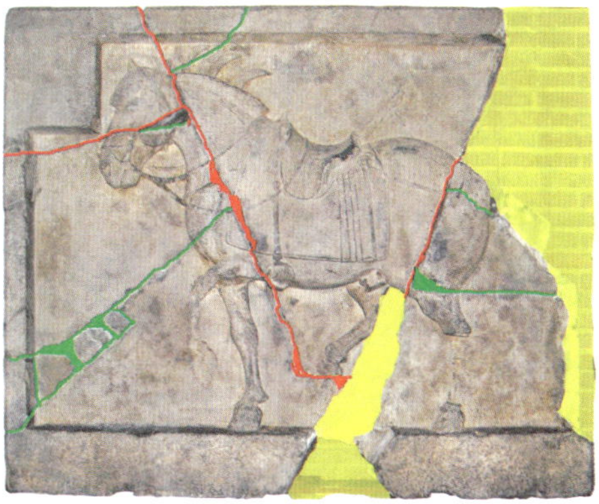

拳毛䯄：红色为完全断裂开的部位，绿色为裂隙、裂缝，黄色为缺失部位

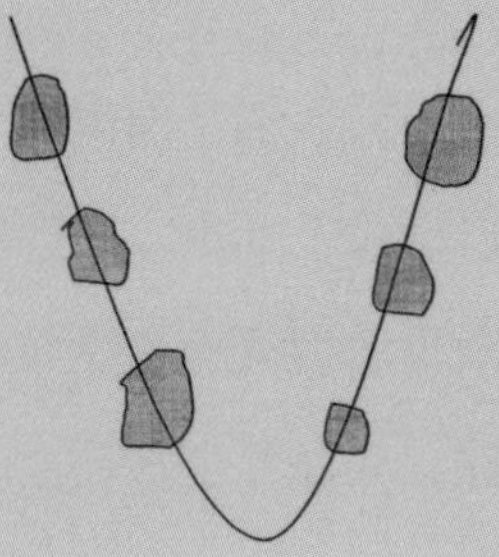

拳毛䯄后面人工使用“錾子”沿石刻地质裂缝打开的示意图，图中黑色为裂缝，黄色为“錾子”錾的痕迹。

问题，请咨询中方资深专家对以上部位，绿、红、黄表面补全的意见。

请咨询陆寿麟先生的意见。

一、有点化学知识的人都清楚，修复用可逆性材料是不存在的，特别是粘接材料，更不可能。

二、关于补全问题：

正面：红绿部分，可以根据美学要求补全。黄色部分已缺，不宜搞创作性复原。如果需要可以补得与残存部分比较协调，但身部分，不作同性的。

背面：只要整体强度够，尽量少用胶，没有外露的胶粘剂，也不作补全。

陆寿麟

2010年5月13日

专家意见1

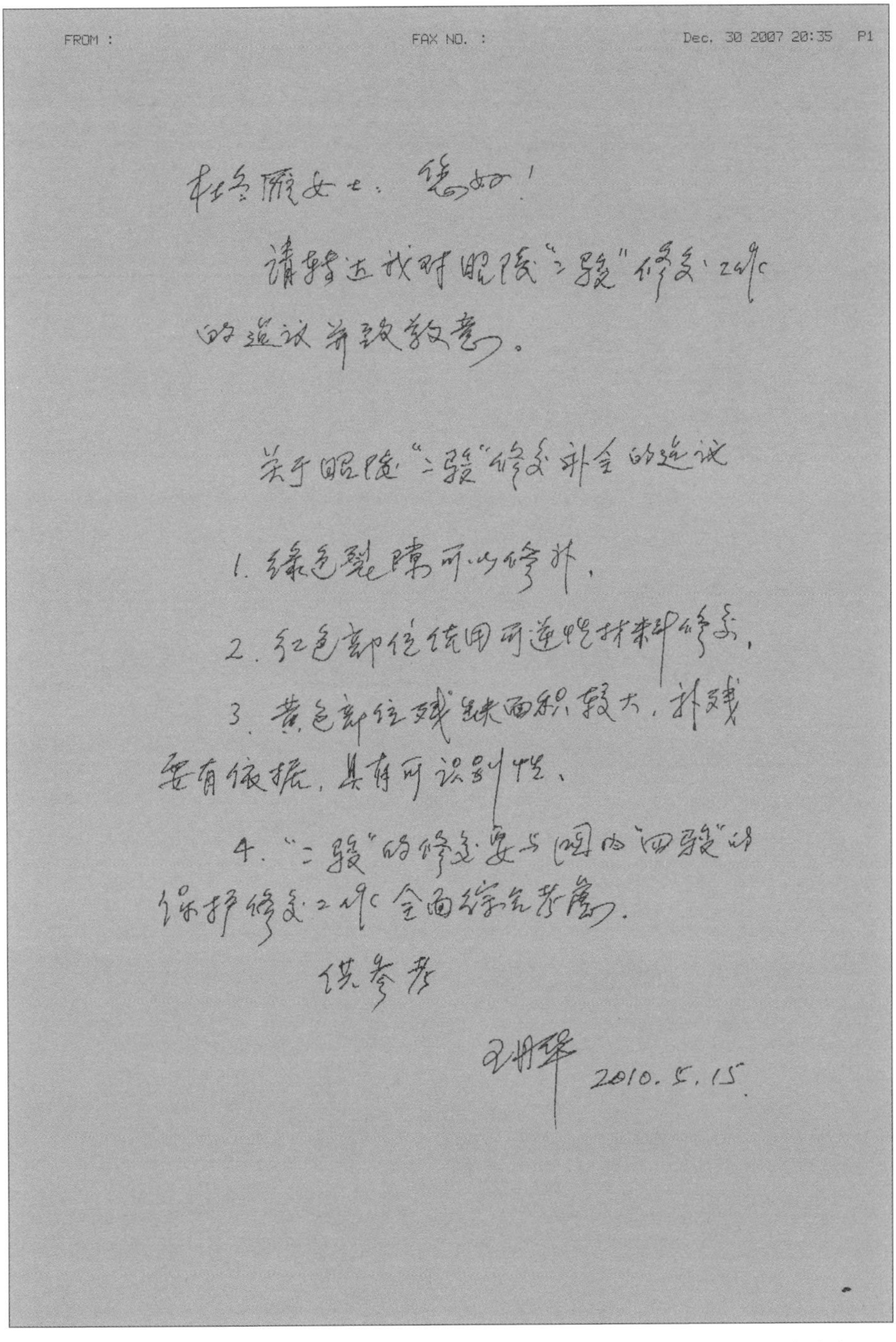
FROM :　　FAX NO. :　　Dec. 30 2007 20:35　P1

杜[illegible]丽女士：您好！

请转达我对昭陵“二骏”修复工作的建议并致敬意。

关于昭陵“二骏”修复补全的建议

1. 绿色裂隙可以修补。

2. 红色部位统用可逆性材料修复。

3. 黄色部位残缺面积较大，补残要有依据，具有可识别性。

4. “二骏”的修复要与国内“四骏”的保护修复工作全面综合考虑。

供参考

王丹华 2010. 5. 15.

专家意见 2

我对唐代石刻修复咨询意见的答复

一、唐代六骏是驰名中外的石刻艺术珍品，极具艺术价值。因此，我们的修复工作除了要遵循真实性、完整性等方面的原则外，还要最大限度地体现其美感（即审美价值）。

我同意美方专家的意见： 绿色的裂缝经过粘结后，表面需做修补，可用与石刻相同颜色与质感的材料进行艺术加工，做到远看差不多，近看有区别。黄色残缺部分，建议找到尽量与文物材质相似的石材做补配，如有困难，则用修复砂浆补砌，但表面也要与修复裂缝相同的方法进行修补。至于红色的裂缝，同样使用可逆性材料进行适当粘结，但主要依靠后面设计的支架来支撑，不要求此粘结材料过分的团结强度。

二、对于拳毛䯄的裂缝（红色部分），明显是人工开凿的，但从图上看不出它是沿岩石的地质裂缝凿的，不管如何，这也是历史信息的一部分，建议也将它作为重要信息给予展示。

由于未见实物，未与修复专家及外方专家交流，说的意见可能片面，仅供你们参考。

黄克忠

2010．5．14于北京

专家意见3

五、开始“二骏”的修复

（一）补全的原则

1. 最少干预原则；

2. 可逆性原则；

3. 补全的材料要安全耐久；

4. 缺失部位的补全依照之前未修复的状况，只做出石刻的外形，不做人物、马匹等细节上的补全；

5. 补全部位既要符合科学保护修复原则，又要展示出文物的历史美感；

6. 大面积补全的部位，要使用轻型材料，以降低补全部位对石刻的压力和石刻整体的重量。

（二）补全方法综述

根据中美双方专家的方案，补全材料主要分为以下几种：一是局部细小裂缝补全材料的筛选；二是较大裂缝（约在 0.8 到 1 厘米）的补全材料筛选；三是缺失部位的补全材料的选择。

1. 局部细小裂缝的补全

美方专家对“二骏”进行黏结和采用机械装置支护后，石刻的表面残留下一些细小的裂缝，这些裂缝主要分布在“拳毛䯄”马头、前腿和马臀部这几处，“飒露紫”裂缝较少，主要集中在后马蹄部位。

拳毛䯄头部裂缝

飒露紫腿部裂缝

根据细小裂缝的现状，补全的材料主要包括黏结剂、添加剂、天然矿物颜料。首先，修复专家们在实验室进行了黏结剂的筛选，主要考虑可逆性好、黏结性强、耐老化、可操作性强等因素。根据美方专家前期修复经验和实验室试验，选定45%–55% 的 Paraloid B72 的丙酮溶液为黏结剂。添加剂则使用从陕西富平宫里镇带去的石粉。前文曾提及，“昭陵六骏”原是雕刻在重约 3 吨的青石板上，而这种青石是富平特产墨玉石的一种。确定黏结剂后，在实验室又进行了补全材料筛选试验，以确定最终的添加剂和天然矿物颜料的比例。

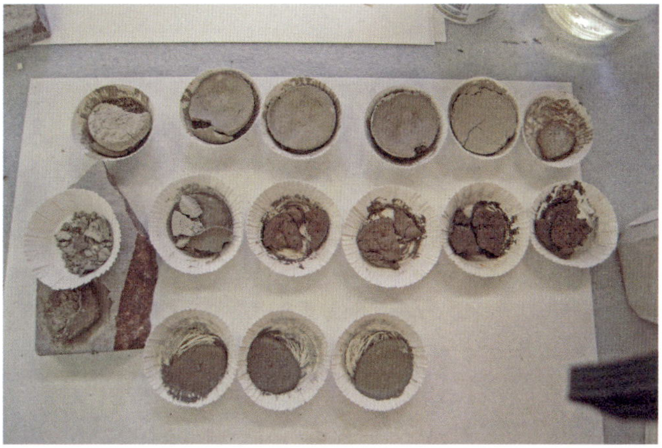

补全材料配比试验

补全材料比对

补全材料确定后，修补的方法相对简单。首先，为了提高补全材料与石刻断面的黏合性，使用30%的Paraloid B72的丙酮溶液涂刷断面，再使用手术刀、小刮刀将配置好的补全材料慢慢填补于小裂缝中。待修补部位完全干燥固化后，使用天然矿物颜料对其表面进行着色做旧处理，使之与周围颜色相协调统一。但是实际操作难度较大，对修复人员技术要求高。因为裂缝较小，填补时不易操作。同时，如果填补不完全，表面容易出现凹陷和开裂。

拳毛䯄头部补全后

飒露紫腿部补全后

2. 较大裂缝的补全

对于较大的裂缝，主要考虑裂缝较宽、较深，配好的补全材料比较稠，直接填充易导致裂缝内部填充不足和表面开裂，因此要使用其他操作性强、易填充、占体积不占重量的材料替换。经过筛选，最终确定使用 30% 的 Paraloid B72 的丙酮溶液与高性能空心玻璃微珠调和。高性能空心玻璃微珠是一种中空的圆球粉末状超轻质无机非金属材料，是近年才发展起来的一种用途广泛、性能优异的新型轻质材料，一般密度在 0.20–0.60g/cm^3，粒径在 2–130 μm之间，具有重量轻、体积大、导热系数低、抗压强度高、流动性好、填充性能高等特点。

将调和好的玻璃微珠加压填充到裂缝内部，填充表面要低于石刻表面 1 厘米左右，待其完全固化，用补全材料修补表面，最后进行着色做旧处理。

较大裂缝用调和材料填补

较大裂缝补全后

3. 缺失部位的补全

“拳毛䯄”缺失较多，主要分布在后马蹄下方和马尾巴上部。马蹄下方石刻最薄处厚度为 24 厘米，最厚处 39 厘米，缺失部位最长 50 厘米，最宽 26 厘米，形状呈斜梯形。马尾巴上部最薄处 22 厘米，最厚 38 厘米，缺失部位最长 82 厘米，最宽 45 厘米，呈山字形。这些区域缺失较大，如果直接使用补全材料修补，一是较厚容易开裂，二是重量较大，三是与断面的黏结不牢固。因此，在补全部位的内部要做支撑装置，起到固定、支撑的作用。同时，为了降低补全部位对石刻的重力，支撑装置应使用轻型材料制作完成。

经过几次讨论和材料筛选，最终从木头、轻型铝材、发泡材料、有机玻璃、泡沫塑料中选定泡沫塑料作为内部支撑的材料。目前国际生产泡沫塑料的厂家非常多，经过咨询、调查与研究分析，专家们使用了位于美国伊利诺伊州的 Pactiy 公司生产的用于食品包装的聚丙烯（PP）泡沫塑料板。该包装材料每平方厘米有 775 个闭孔，不含氟利昂等有害发泡剂，可回收；质量轻，透气性好，吸收冲击能量的能力优异，隔热、阻燃性和尺寸稳定性好，耐腐蚀性强。

首先，将 PP 泡沫塑料板切割成残缺部位的形制，较薄的部位使用两层泡沫塑料板，厚的部位使用 4 层板子，使用环氧树脂黏结固定；其次，为了增加泡沫塑料板与补全材料的黏合性，提高泡沫塑料板的机械强度，在塑料板上黏结了一层环氧树脂层并将其表面拉毛；再次，在石刻断面使用 15% 的 Paraloid B72 的丙酮溶液涂刷做黏结隔离层，再用环氧树脂将泡沫塑料板与石刻黏结，泡沫塑料层低于石刻表面 1.5 厘米左右；最后，用配置好的补全材料进行填补，并对其进行着色做旧处理。

制作泡沫板

涂刷黏结剂

填补材料表面拉毛

拳毛䯄下部缺失部位补全后

（三）补全材料、补全方法详解

1. 补全材料配比试验

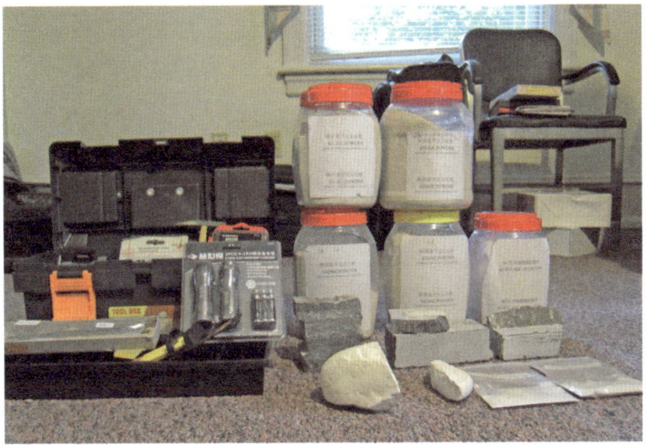

从国内带去的材料、工具和残片石膏复制品等

各种配比的补全材料

带到美国的石料与“二骏”断面比对

不同部分的补全材料比对

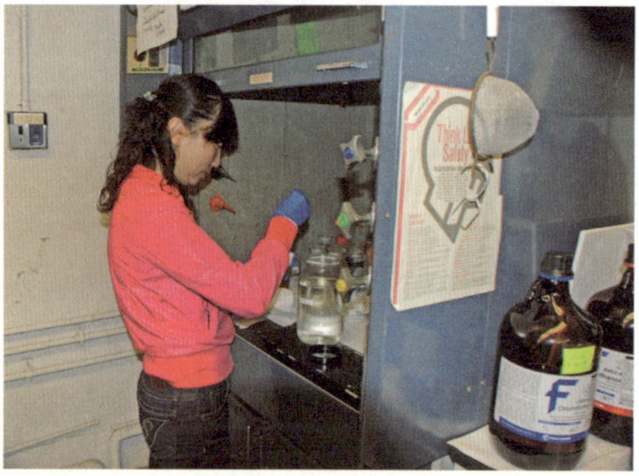

配置溶液

制作补全材料

2. 使用环氧树脂修补部位试验

双组份环氧树脂

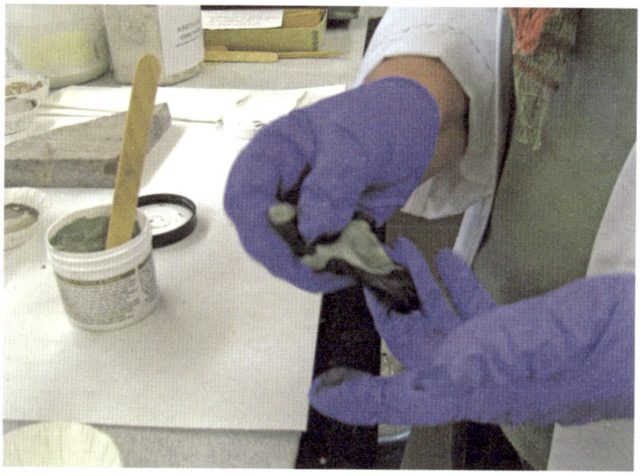
双组份环氧树脂配置

环氧树脂与泡沫材料黏结试验

环氧树脂与补全材料黏结试验

环氧树脂与石料黏结试验

黏结固化后的环氧树脂与石料

3. 裂隙、裂缝部位的修补

裂隙、裂缝部分填补补全材料

补全材料表面处理

不同部位的修补

现场工作场景 1

现场工作场景 2

4. 裂隙、裂缝的补全

拳毛䯄头部裂缝补全前

拳毛騧头部裂缝补全中

拳毛騧头部裂缝补全后

拳毛䯄底部裂隙、裂缝补全前

拳毛䯄底部裂隙、裂缝补全后

飒露紫底部裂隙、裂缝补全前

飒露紫底部裂隙、裂缝补全后

飒露紫底部裂隙、裂缝补全后（局部）

5. 拳毛騧缺失部位的补全

拳毛騧左侧后部
缺失部位补全前

缺失部位填补材料前

缺失部位填补材料后

表面用环氧树脂黏结后，填补补全材料

表面修整

拳毛騧左侧后部缺失部位补全后

拳毛騧下部缺失部位补全前

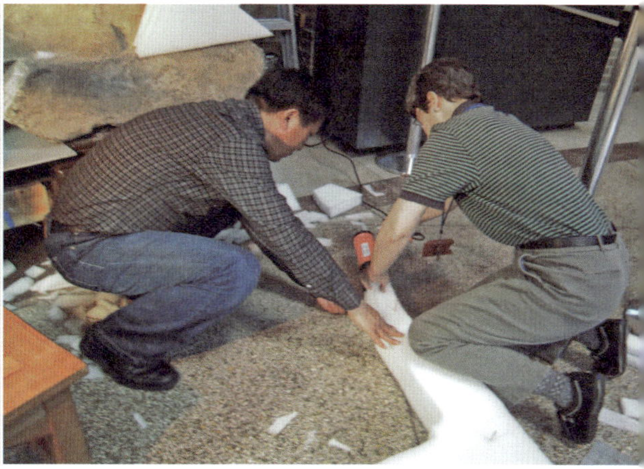

制作内部填充材料

镶嵌填充材料

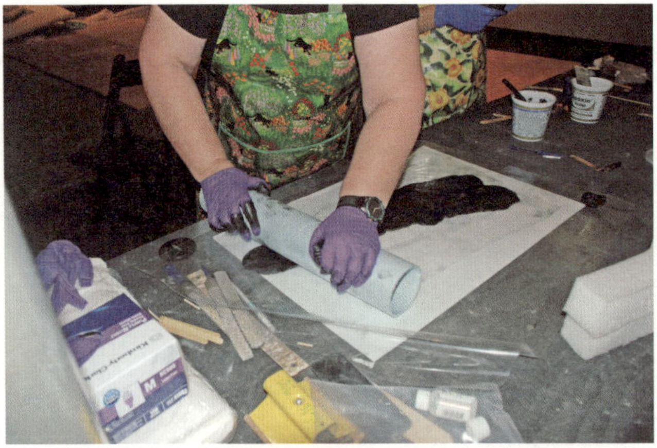

制作环氧树脂胶泥

黏结后

安装现场

在断面上涂刷隔离层

黏结固定

黏结固定后

表面填补补全材料

表面修整

此处的白色泡沫材料为分隔断面与补全材料的隔离层

拳毛䯄下部缺失部位补全后

拳毛騧右上部缺失部位补全前

讨论拳毛䯄右上部缺失部位的补全方案

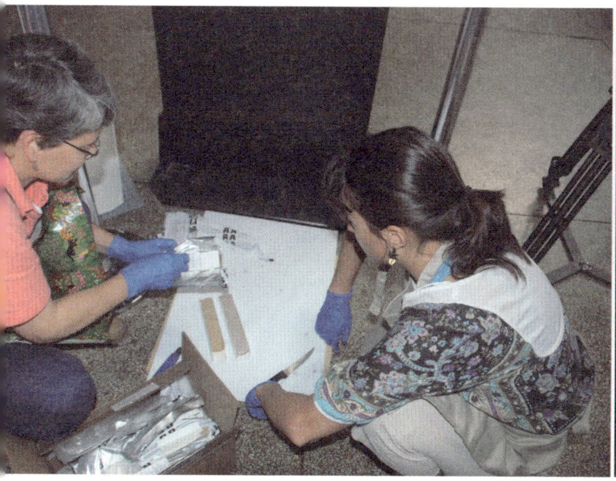

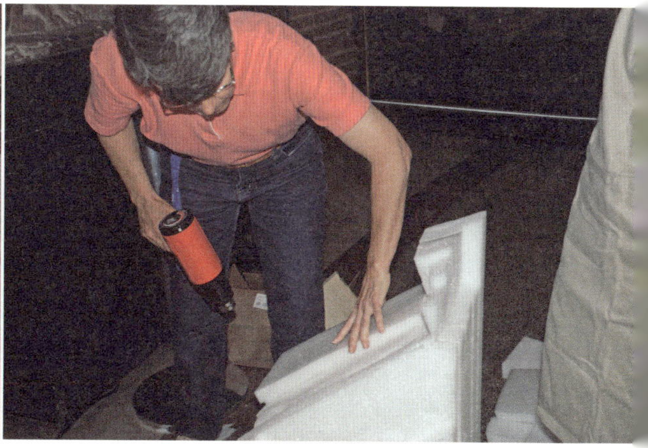

制作内部泡沫材料

讨论泡沫材料的安装
与固定

用木材支撑泡沫材
料，增加强度

制作断面的隔离层

用环氧树脂进行泡沫材料的安装与固定

黏结固定后的泡沫材料

第五章

修复成果和影响

一、修复成果与修复理念

此次对昭陵“二骏”的修复，以最少的干预、最大的保护为主导思想。在材料的选择、修复的工艺、具体的措施方案等方面体现了中美双方文物修复工作者高超的智慧。修复所用的石粉是“二骏”原材料产地的青石粉，材质与原浮雕所用材料基本一致。补全的黏结材料以可逆性强、耐老化性好、无毒为主要选取依据。补全的效果综合了修复后的结构稳定性、整体协调性、石刻的重量、未来包装运输的便利性等诸多因素。此外，还考虑到了中美文化差异、文化背景、审美情趣等诸多因素。因此总体来说，此次的修复符合科学的文物保护修复原则，修复效果比较理想，得到了多方的认可与好评。在整个修复的过程中，来参观的中外游客络绎不绝，对修复效果都比较满意。

修复是一门科学，是在保证展现文物的原貌，保留文物历史遗存信息的前提下，充分利用现代科学技术及材料，对文物实施科学的修复。但是又由于具体操作人员的不同，个人对修复的理解会有一定的偏差，导致最终的修复效果会有不同。在去美国之前，笔者对于美国的修复理念、修复方法都是通过网络、电视或者相关的学术文章了解的，认为由于中美诸多的差异，对于文物修复的理解可能是相差甚远。但是通过这次的工作接触，以及与美国很多博物馆修复人员的座谈和对修复后文物的实地观察发现，在文物保护修复领域，中美双方虽然在使用的材料和方法上有一些差异，但是大家对于文物历史、文物现状的尊重是相同的，对于文物保护修复效果也是有共识的，都是希望通过必要的技术手段，最大限度地保护文物，使其处于一种相对稳定的状态之中。

文物是人类的历史文化遗产，文物保护修复是延续历史文化遗产的重要手段。这种跨国界的保护修复，不仅加强了国内

飒露紫修复前

外文物保护修复的合作，增进了修复工作者之间的专业交流，同时也让大家对修复的理念、修复的思想进行更深层次的探讨与研究，这将会更加有利于文物的保护修复。

志愿者团队离开时的状况（飒露紫修复完成）

拳毛䯄修复前

志愿者团队离开时的状况（拳毛䯄右上部修复未完成）

修复后，陈列中的飒露紫

修复后，陈列中的拳毛䯄

2016 年 7 月在宾夕法尼亚大学考古学与人类学博物馆中国厅中陈列的“二骏”

二、修复的影响

加强了中美文物保护修复的合作与交流；加强了中华文化的宣传与交流，展现了中国文物保护工作的实力。

志愿者团队与宾夕法尼亚大学考古学与人类学博物馆工作人员

中美修复团队

志愿者团队前往美国盖地基金会进行交流

在工作现场参观的美国中小学学生

为参观的美国游客进行现场讲解

新闻媒体采访

前往当地中文学校进行“二骏”保护修复工作介绍

在美国洛杉矶举办修复成果新闻发布会